बातें...

एक कविता संग्रह...

शुभम पाठक

कभी इक पल में ही हर पल को तुम बुरा कहते हो

मसला कुछ भी हो फिर बाद में भला कहते हो।

मैं इस लहज़े की तुम्हारी बड़ी तारीफ़ करता हूं

यूँ जो हर बात पर मेरी तुम आकर हाँ कहते हो।

चलो तुमसे सुकून से थोड़ी बातें कर लूं

मैं बहुत दूर जा रहा हूँ बोलो क्या कहते हो।

मैं वहीं बैठकर तुम्हारा इंतेज़ार करूँगा

हर बार मुझे मिलने को तुम जहां कहते हो।

नही रहना है इस तरह से मुझे घुंटकरके यहां

तुम भी मुझे न जाने अब क्या-क्या कहते हो।

शुभम पाठक

आसमाँ की बात न कर आसमाँ कहाँ है

तारों की इस महफ़िल में कहकशाँ कहाँ है

मैं नहीं हूँ साथ में तो ग़ौर क्या करना

तू ही बता ऐ शख़्श कि तू भी यहां कहाँ है

कुछ ज़ख्म ऐसे मिल जाते हैं राह-ए-जिन्दगी में

भूलना भी चाहे गर कोई तो भूलता कहाँ है।

हो मुसीबत सामने फिर साथ देता कौन है

दिख नही रहा है आखिर ये जहाँ कहाँ है

सोंचा था आकर बात करूंगा फुर्सत से कभी

फिर याद आया उससे मेरा राबता कहाँ है।

शुभम पाठक

❧❧❧

जो अपने सब शौख छोड़कर बैठी है

जी हाँ वो कोई और नही एक लड़की है

वो बोलते वक़्त नज़र नही उठाती है

जिसको देखो कहता है कि बड़ी अच्छी है।

उसके लहज़े की चर्चा अक़्सर होती है

बस घर में ही रहती है, बिल्कुल चुप सी है।

चौका-चूल्हा करने में तो वो माहिर है

अपने अंदर इक दर्द छुपाये रहती है।

उसके मतलब की बात कभी न होती है

सबके मतलब की बात मग़र वो सुनती है।

उसके साथ गलत भी चाहे जितना हो

सब यही कह देते हैं गलती उसकी है।

शुभम पाठक

❧❧❧

आज क्या है, कल जाने क्या हो जाये

काश कि ये हमको भी पता हो जाये।

बस यही एक मुराद बेअसर रहती है

वरना हर एक शख़्स यहाँ ख़ुदा हो जाये।

बिन जाने कुछ करने में बस नुकसान इतना है

कहीं हम अच्छा करने जायें और बुरा हो जाये।

कभी कुछ कहने से पहले तुम सोच लिया करो

आज जो ख़ुश है तुमसे, शायद कल ख़फ़ा हो जाये।

शुभम पाठक

❧❧❧

नदी भव्य सागर से मिलकर के जब भी रोती है

ऐसा मुझको लगता है कि तब बारिश होती है।

बूंदे होती हैं विरह के उन यादों की इक कहानी

गिरती है धरती पर आकर और मिट्टी में खोती है।

पेड़ो के अंतर्मन में एक स्थान बना लेती बूंदे

शाख़ों में डाल बसेरा ये, फिर हफ़्तों तक सोती है।

मौसम को सुहाना कर देती है बारिश आकरके

हर तरफ बिछाकर हरियाली कितने पौधे बोती है।

शुभम पाठक

❧❧❧

मैं ख़ुश भी हो जाऊँ तो एक ग़म बचा रहता है

मुझको नही पता है ये कहाँ छुपा रहता है

वैसे तो वो इक पल में ही तूफां खड़ा कर दे

बस मेरे सामने ही वो मासूम बना रहता है।

बस यही एक बात मुझे हसास कर जाती है

मैं याद करता रहता हूँ वो भूलता रहता है।

मैं ये भी जानता हूँ वो अंजान बन जाता है

मैं ये भी जानता हूँ उसे सब पता रहता है।

शुभम पाठक

❧❧❧

सुकून-ए-दिल भी जो पाऊँ तो कैसे

यूँ अब खुद को मनाऊँ भी तो कैसे

मैं कोशिश कर रहा हूँ भूलने की

मगर मैं भूल जाऊं भी तो कैसे।

मेरी क़िस्मत में ही रोना लिखा है

मैं चाहूँ भी तो आजमाऊँ कैसे

मुझे ख़ुद का ही अब पता नही है

मगर मैं क्या करूँ, बताऊँ कैसे।

शुभम पाठक

❧❧❧

बात ही ऐसी क्यों हो, कि कुछ मना हो जाये

बात करो तो ऐसे कि वो अपना हो जाये।

वैसे तो जाने कितने आकर चले गये

अब ऐसा कोई मिले जो आशना हो जाये।

सब रिश्ते तोड़ लेना तब अच्छा होता है

हर बार किसी जगह पर जब झुकना हो जाये।

बात तो तब है जब वो सिर्फ तेरा हो

जो तुझको चाहे तेरे लिए फ़ना हो जाये।

शुभम पाठक

❧❧❧

सब वक़्त वक़्त की बात है, कभी मेरा वक़्त था

अब वक़्त साथ नहीं है तो हम भी बदल गए हैं।

कुछ लोग हमारे अच्छे वक़्त में साथ थे हमारे

वो लोग तो अब भी वैसे हैं, साथी बदल गए हैं।

वक़्त की कीमत वक़्त पर हमें काश पता हो जाती

ये वक़्त कहाँ से आ गया, सभी बदल गए हैं।

अब क्या बताएं क्या थे हम और क्या हो गए

वक़्त ने साथ छोड़ दिया, दिन ही बदल गए हैं।

शुभम पाठक

अपने अंदर से एक ख़्वाब को मैंने जाने न दिया

मन तो बहुत हुआ मगर भुलाने न दिया।

वो और बात है तुम मेरा यकीं न कर पाओ

तेरे जाने के बाद किसी को फिर आने न दिया।

हाँ यकीं कर लिया था मैंने आँख बंद करके

गलती जरूर हुई मगर पछताने न दिया।

मुझे पता था गलती मेरी वो अपने सर ले लेगा

तो मैंने रखा चुप उसको, समझाने न दिया।

शुभम पाठक

ग़म-ए-फुर्सत से इस मन को मेरे तस्कीन हो गया

तू है मेरा नही मुझको भी ये यकीन हो गया।

ये मन नाजुक सा था हर बात पर मायूस हो जाता था

ग़मों की फ़ितरत में रहा, अब आफ़रीन हो गया।

सुबह से दिन मेरा अच्छा ही जा रहा था, तभी

तेरी बातों को सोंचा और मन ग़मगीन हो गया।

वो तो मिज़ाज़ है मेरा कि मैं हँसकर गुज़र जाऊँ

तुम्हें जाने ये क्यों लगा कि मैं अधीन हो गया।

शुभम पाठक

❧❧❧

जो ख़्वाब छोटे थे कभी वो अब बड़े लगते हैं

पुराने ज़ख़्म उभर आयें तो कुछ नये लगते हैं

ये जाने किस दौर में आ गयी है जिन्दगी

अब अपने आप को ही हम बुरे लगते हैं।

क्या बताएं आपको की हमको क्या करना है

आप तो हमारी सोंच से परे लगते हैं।

फैसला मेरे हक़ में भला आये भी तो कैसे

ये सब गवाह मुझे अब बिके लगते हैं।

हमारी कैफ़ियत ही ऐसी है अब किया जाए

बिछड़ने से भी पहले हम आकर गले लगते हैं।

शुभम पाठक

❧❧❧

वो इक आवाज़ पर आना न भूली

बेझिझक बात कह पाना न भूली।

मैं गलती करना भूल गया लेकिन

वो मुझको फिर भी समझाना न भूली।

मैं उससे मिलने खाली हाथ गया था

मेरा तोहफ़ा वो पर लाना न भूली।

मैं उसको देखना नही भूला

वो मुझसे शर्माना नही भूली।

शुभम पाठक

बिछड़ के जब भी उससे दूर जाने लगते हैं

या तो रो देते हैं या मुँह बनाने लगते हैं।

जब आँसू की बूंदे आँखों के तट पर हैं चली आती

आँख में पड़ गया कुछ, कहके छुपाने लगते हैं।

ये बस एक पड़ाव है, मंज़िल नही है कोई

हम फिर मिलेंगे उसको ये बताने लगते हैं।

दूर रहकर भी ये मन पास ही रहेगा सदा

उदास होकर भी आख़िर में ये समझाने लगते हैं।

वो इक शख्श जो कभी आँख से ओझल नही होता

नींद आते ही फ़िर वो ख्वाब में भी आने लगते हैं।

शुभम पाठक

महीनों सालों जैसे बीते थे माँ-बाप के उन दिनों

वो हालात ही कुछ ऐसे थे मैं बता न पाऊंगा।

बेटे ने कहा मेरे बगैर दीवाली तुम मना लो,

मुझे कुछ काम है, इस बार भी मैं आ न पाऊंगा।

खड़े पिता इक कोने में बेटे से इतना कह पाए

यहाँ तेरे बगैर दिया मैं जला न पाऊंगा।

वो तो बस तू था जिसके ख़ातिर हम घर सजाते थे

खुद आपने हाथों से मिठाइयाँ मैं खा न पाउँगा।

आँख में आँसू लिए अन्त में पिताजी फिर बोले

बिना तुम्हारे ये दीवाली मैं मना न पाउँगा।

शुभम पाठक

मेरे सुखन के वास्ते कोई हवा चली नही

मैंने उसे रोका नही वो भी वहाँ रुकी नही।

गुस्से में तो था आ गया, इक पल को मैं भी जोश में

मैं तो भुला देता मगर उसने इजाज़त दी नही।

पूँछे बगैर मुझसे मेरे कमरे में थी वो आ गयी

करनी शिकायत थी उसे, उसने शिक़ायत की नही।

वो भी बदल गयी है अब, और लोगों की तरह

उसके लिए था मैं भी कुछ, उसको तो याद भी नही।

नक़्शे कदम पे यार के उतर न पाया मैं कभी

लिहाज़ा उसने उसके बाद से कोई उम्मीद रखी नही।

मैं था इसी फ़िराक़ में कि उसको दूँगा ये बता

वो चाँद अब भी लगती है, पर उसमें चाँदनी नही।

शुभम पाठक

उसका जन्म क्या हुआ कि घर मे मातम छा गया,

ऐसा लगा कोई अनचाहा घर मे आ गया।

सबको थी ये उम्मीद की एक बेटा आएगा,

घर का चिराग संग अपने, लाखों खुशियाँ लाएगा।

न तो जश्न हुआ न ही पटाखे जलाए गए,

न बांटी गई मिठाइयाँ न किन्नर बुलाये गए।

बेटे के आने का जैसे एक ख़्वाब टूट गया,

बेटी हुई सुनकर ये आँख से आँसू छूट गया।

जैसे वो इक सन्तान न थी, बोझ थी कोई

जीवन भर के लिए इक रोग थी कोई।

अपनाते हुए भी घरवाले शरमा रहे थे

एक बोझ बढ़ गया है अब तो बस ये बता रहे थे।

उस मासूम को तो पता ही नही ये हो क्यों रहा है,

उसका बाप एक कोने में खड़ा रो क्यों रहा है।

ऐसा क्या हो गया जो सबको इतना गम है

माँ तो बेहोश है और सबकी आँखे नम हैं।

देख के वो हैरान थी उस दिन ऐसा दृश्य

कोई भी ख़ुश नही हुआ क्यों? क्या है ये रहस्य

इसका अंदाजा लगने में उसे दस साल लगे

भाई को मिले सबकुछ और वो बेहाल लगे।

जब समझ आयी तब वो चूल्हे-चौखट में व्यस्त थी

घर के सारे काम-काज करने में पस्त थी।

हाँ पिताजी बाहर ताव देते थे अपने मूछों को

बेटी बहुत संस्कारी है, कहते थे, कोई पूंछे तो।

उसके कपड़े,जुबान,रहन-सहन सब पर ताला था

घर का खाना,झाड़ू-पोछा उसने ही सम्भाला था।

हर एक घरेलू काम-काज में बेटी बहुत निपुण है

कहते थे सबसे पिताजी, बेटी में बहुत गुण है।

वो चुप रही और आज़ादी की इच्छा नही जतायी

उसको कितनी पीड़ा है, उसने किसी को न बतायी।

जीवन भर अपनी ख़्वाहिशों को दबाके रहती है

जैसी भी है सब सहती है, कभी कुछ न कहती है।

शुभम पाठक

❦❦❦

मैं जान छिड़कता था तुम पर हफ्तों पहले

पर पहले जैसे अब तुम मेरी जिंदगी नही हो।

मैं तुम्हें भला क्यों याद करूँ तन्हाई में

तुम अच्छी हो, पर इतनी भी अच्छी नही हो।

मैं दुनिया से लड़ने वाला था तेरी ख़ातिर

मैंने था कितना कुछ सोचा, तुम जानती नही हो।

तुम्हें जाने क्यों लगता है, मैं वापस आऊँगा

लगता है तुम इस रास्ते पर गयी नही हो।

मुझे पता है ये कि तुम्हें भी अब पछतावा है

अच्छा है कि तुम किसी और से मिली नही हो।

शुभम पाठक

❧❧❧

वक़्त निकलता जायेगा और रोकते रह जाओगे

गर सोंचने बैठोगे तो फिर सोंचते रह जाओगे।

हिम्मत करो आगे बढ़ो कुछ करने की तुम ठान लो

ये राह भी आसां होगी बस खुद को तुम पहचान लो।

ये मत सोंचो ये न हुआ तो आगे क्या होगा

बस कोशिश करते जाओ तुम, सब अच्छा होगा।

खुद से लड़ो खुद की लड़ाई, और खुद को तुम हरा दो

मंजिल भले मुश्किल लगे, हासिल करके दिखा दो।

शुभम पाठक

मैं थक गया हूँ खुद से ये वादा करते करते

राह कैसी भी हो मैं हार मानने वाला नहीं।

बहुत परेशान हो गया हूँ, थोड़ा रोना चाहता हूँ

ये सच है मेरी तकलीफ़ कोई जानने वाला नही।

मिलूँगा जब भी चेहरे पर एक हसीं रहेगी

उदासी को फ़क़त अभी मैं ठानने वाला नही।

मैं वो हूँ जो हँसकर छुपा ले ग़म अपना

शुक्र ये है मुझे कोई पहचानने वाला नही।

शुभम पाठक

कतरा कतरा इन आँखों से छलक जाता है

ये मन रोता है इतना कि थक जाता है।

जब भी कभी मुझको हिचकी आ जाती है

जाने क्यों मेरा तुम पर ही शक जाता है।

बुरा आख़िर क्यों न लगे मुझको बिन तुम्हारे

तुम किसी और से बात करो तो मेरा हक जाता है।

ग़लत फ़हमी क्यों आ गयी हमारे दरमियाँ

हम दोनों का ये दुश्मन, देखो कब तक जाता है।

शुभम पाठक

❧❧❧

यूँ सबसे नज़रें चुराना, अच्छा नही होता

किसी को ऐसे याद आना, अच्छा नही होता।

वो जो रखते हैं अपने ग़म को कमरों में छुपाकर

बिना बताए उनके घर जाना, अच्छा नही होता।

जिन्हें है झूठ से मतलब, और कुछ पता नही

फिर ऐसे लोगों को सच बताना, अच्छा नही होता।

बहुत घमण्ड हो गया है तुम्हें अपनी शोहरत पर

अपने से छोटों को ताकत दिखाना, अच्छा नही होता।

जो हो गया सो हो गया, अब सोचना कैसा

पुरानी बात सोचकर पछताना, अच्छा नही होता।

शुभम पाठक

❧❧❧

एक ख़्वाब मेरे आँखों से ओझल रहता है

एक सच मग़र मुझमे हर इक पल रहता है।

कहाँ हम जा रहे हैं, हमें क्या मिल रहा है

न जाने क्यों मेरे मन में ये हलचल रहता है।

वो जिसके सज़दे में हम सर झुकाया करते थे

हाँ वही शख़्स अब खुद में मुक़म्मल रहता है।

कहीं ऐसा न हो मैं राह से भटक जाऊँ

यही एक डर है जो मुझमें मुसलसल रहता है।

शुभम पाठक

❦❦❦

मेरे सारे इल्ज़ाम को फ़िज़ूल कह दिया उसने

मेरे कुछ पूँछने से पहले क़बूल कह दिया उसने।

मैं तो तोहफ़े उसे जाने क्या क्या देने वाला था

जब पूछा चाहिये क्या तुमको, तो फूल कह दिया उसने।

थे उन आँखों में आँसू के कतरे ये जानता था मैं

मैं कुछ पूँछता कि उससे पहले धूल कह दिया उसने।

मुझे लगा था कि उसको पछतावा गलती पर होगा

पता लगा कि उस गलती को, भूल कह दिया उसने।

शुभम पाठक

❦❦❦

मुझसे बिछड़ के न जाने, आप कहाँ कहाँ गये

थक हारकर मेरी तरह आप भी वापस आ गए।

उसने दिया भरोसा था मिलने को हमसे एक दिन

वो तो वहाँ पे थे नहीं, मिलने जब हम वहाँ गए।

कर भी क्या सकते थे हम और इसके बाद फिर

हमसे तो वो मिले नही, हम भी मिले बिना गए।

वही फ़रेब हर जगह है, क्या बताएं आपको

लोग फ़रेबी ही मिले हम फिर चाहे जहाँ गए।

शुभम पाठक

❧❧❧

मेरे इशारों को समझा करो तुम।

कभी खुद से भी कुछ कहा करो तुम।

मेरी फ़ितरत में 'न' सुनना नही है

मेरी हर बात पर बस हाँ करो तुम।

मुझे कुछ डर सा लग रहा है अभी

मेरी बस जीत की दुआ करो तुम।

ज़माने भर ने मेरे साथ बस गलत किया है

मैं सोचता हूँ मेरे साथ कुछ नया करो तुम।

बिछड़ के भी अगर मन न भरा हो

मैं इल्तिज़ा करूँगा और भी बुरा करो तुम।

मेरी बस इतनी सी ख्वाइश है कि अब

मेरे हाथों को थामो और बस चला करो तुम।

शुभम पाठक

❧❧❧

तुझ से छुपके शायद तेरा दीदार कर रहा हो

जाने कितनों को जानकर इंकार कर रहा हो।

मन से कभी इज़हार ए इश्क़ करके तो तुम देखो

क्या पता वो भी तेरा इंतेज़ार कर रहा हो।

तुझको क्या मालूम कि वो कितने सज़दे करता है

शायद तुझ से भी ज्यादा तुझको प्यार कर रहा हो।

चेहरे पर है शिकन और जुबान फिसल रही है

शायद वो भी इज़हार पहली बार कर रहा हो।

शुभम पाठक

❧❧❧

जो छोड़ी न जा सके ऐसी आदत ही क्यों है।

सब आसानी से मिल जाये, ये हसरत ही क्यों है।

जब अपने आप में ही तुम ख़ुदा हो गए हो

तुम्हें फिर इस दुनिया की ज़रूरत ही क्यों है।

जब थक-हार कर, हार मानकर बैठ गए हो तुम

तुमको कुछ पाने की फिर ये चाहत ही क्यों है।

तुम अब नही हो मेरे, गर ये हकीकत है

तो मुझे ऐतराज़ है, ये हकीकत ही क्यों है।

तुम तो खुशमिज़ाज थे फिर ऐसा क्या हुआ

एक शख्श से आखिर तुमको नफ़रत ही क्यों है।

जो लोग तुम्हें मन ही मन बेकार समझते हैं

ऐसे लोगों की मन मे आख़िर इज्ज़त ही क्यों है।

मेरी तो अब बदनामी ही मशहूर हो रही है

तुम्हारे ज़हन में मेरी इतनी क़ीमत ही क्यों है।

मैं जब भी पूँछता हूँ, कहते हो कि सब ठीक है

हालात हैं अच्छे तो फिर ये हालत ही क्यों है।

शुभम पाठक

❧❧❧

हम खुद पार हो गए दरिया को पार करते वक़्त

हार गए दुश्मन मुझपर पीछे से वार करते वक़्त।

मैंने इतना कमज़ोर खुद को पहले कभी न पाया

मेरे ये होंठ काँप रहे थे उससे इज़हार करते वक़्त।

मेरा अंदाज़ा सही था कि वो गैरों से जा मिला है

मैं देता था तसल्ली, खुद को इंकार करते वक़्त।

मोहब्बत वो नहीं होती, जो कभी सोच समझ के हो

गलत सही क्या होता है, किसी से प्यार करते वक़्त।

शुभम पाठक

<hr>

अब क्या बताऊँ आपको कि क्या लिखा है

आप समझ न पायेंगे क्या-क्या लिखा है

आपका तो ज़ायका ही बिल्कुल अलग है

वैसे सब कहते हैं बहुत अच्छा लिखा है।

मैं ख़वाब में ये बातें करता हूँ अपने आप से

अब आपसे न मिलने का फैसला लिखा है।

मेरे दिन गुज़र जाएंगे फ़क़त इसे पढ़ने में

ख़त भी उसने आखिर बहुत बड़ा लिखा है।

मैं अब भी पहले जैसा हूँ, किसने कह दिया

ये किसने मेरे बारे में अफ़वाह लिखा है।

शुभम पाठक

❧❧❧

मुझे बस इक नज़र में तुम नही पहचान पाओगे

अगर मुझको समझना है तो थोड़ा वक़्त दो मुझे।

अगर फ़िर भी है तुमको जानना कुछ मेरे बारे में

मेरी आवाज़ बनकर तुम ज़रा मुझमें सफ़र कर लो।

मैं गर आसां होता इतना तो मैं कब का बिखर जाता

मुझे दुनिया पर है यकीं कि ये जीने नही देगी।

चलो अच्छा है मैं अब तक किसी का हो नही पाया

किसी झूठे के मिलने से अकेला रहना अच्छा है।

शुभम पाठक

❧❧❧

मेरे होकर तो तुम देखो तुम्हें मैं ये बताऊँगा

मेरे मन में है क्या रखा तुम्हें मैं ये दिखाऊंगा।

मेरी आवाज़ को मन में बसा कर तुम कहीं रख लो

मैं जब तन्हा पड़ूँगा तब तुम्ही को आजमाउंगा।

मेरी पहली मोहब्बत तुम, तुम्हारा कुछ नही जाता

ये मन अक्सर भटकता है, चैन से सो नही पाता

तुम्हें शिकवा अगर मुझसे है तो आकरके तुम बोलो

तुम्हें देखे जो मन मेरा तो फिर वापस नही आता।

मैं आऊंगा तुम्हें मिलने, परेशान मत होना

अग़र मैं हो जाऊं ओझल तो तुम हैरान मत होना

कि इन होंठों पे हैं अल्फाज़ जो कायम सदा रखना

अगर मैं आ नही पाया तो तुम वीरान मत होना।

समंदर की ये गहराई तेरी आँखों में बसती है

तू है ख़ुद में ख़ुदा यारा, बड़ी नाचीज़ हस्ती है

मेरा कहना है इतना कि कभी फ़ुर्सत से तुम आओ

चलेंगे सैर पर हम-तुम, यही जीवन की मस्ती है।

शुभम पाठक

❧❧❧

वो ख़्वाब थी मेरा और बस ख़्वाबों में रह गयी

हक़ीक़त न बन पाई और बस यादों में रह गयी।

वो जो ग़ज़लें मैं लिखा करता था उसको सुनाने को

वो ग़ज़लें अनसुनी रहकर क़िताबों में रह गयी।

वो अब कहाँ गयी है, मुझे कुछ पता नही

वो मुझसे जुदा होकर मेरी बातों में रह गयी।

दिन के किस्से अब भी मुझको याद हैं मगर

रातों की वो कहानी बस रातों में रह गयी।

शुभम पाठक

❧❧❧

हमसे पहले सा रिश्ता बनाओ न तुम

हमको ख़ुद न पता हम कहाँ खो गए।

हमने छोटी सी गलती थी कर दी वहाँ

जिसके ख़ातिर वो हमसे ख़फ़ा हो गए।

उनका कहना सही था कि आराम लो

अपने होंठो से अब तुम ज़रा काम लो

गर तुम्हें शर्म आती तो कह दो मुझे

इस तरीके मत तुम मेरा नाम लो।

अब ज़माना बदल सा गया है मेरा

जिसको हम थे सुलाते वो ख़ुद सो गए।

वो नही हैं किसी के तो हमसे है क्या

मत बताओ कि मिलती है उनको सज़ा

वो नही हैं हमारे न थे वो कभी

उनसे बिछड़ा था मन और बिछड़ ही गया।

कि मिलने आये थे हमसें वो फिर से अभी

मेरे आँसू से हाथों को वो धो गए।

शुभम पाठक

꧁꧂

असर मेरी बातों का जब हुआ तक नही

तो मैंने उसके बाद से कुछ कहा तक नही।

सौंप दिया था खुद को उसने मुझे एक दिन

मैं होश में रहा और उसको छुआ तक नही।

मिली थी कल मुझसे तो कुछ गुस्से में थी, लिहाज़ा

वो बोलती चली गयी और कुछ सुना तक नही।

न बिछड़ने का वादा मुझसे किया था मगर

बिछड़े ऐसे की अब कुछ बचा तक नही।

शुभम पाठक

☙☙☙

मैं सही था तो फिर एक सच बताना पड़ गया मुझे

गलती उसकी थी फिर भी मनाना पड़ गया मुझे।

मेरे दस्तख़त करने पर भी वो राज़ी न हुआ

तो उसके बाद अँगूठा लगाना पड़ गया मुझे।

कि मेरे बाद उस मासूम का भला क्या होगा

बस यही सोंचकर रिश्ता निभाना पड़ गया मुझे।

हाँ मेरे हार से किसी को ख़ुशी मिल रही थी

लिहाज़ा जीत कर भी हार जाना पड़ गया मुझे।

मैं तो निकल चुका था न लौटने की नियत से

किसी की बात सोंचकर वापस आना पड़ गया मुझे।

शुभम पाठक

❧❧❧

किसी की मदद करने की तुम्हारी नियत ही नही है

तुम मुझे कुछ दे पाओ, इतनी हैसियत ही नही है।

तुम्हें भला मैं अपना मानू भी तो मानू कैसे

तुममे मेरा बन पाने की ख़ासियत ही नही है।

हालत-ए-ज़िन्दगी मैं अब क्या सुनाऊ अपनी

और तो सब ठीक है बस ख़ैरियत ही नही है।

हाँ शराफ़त से है जीना सीख लिया मैंने, पर

हाथ लगा दे कोई ऐसी शख्सियत ही नही है।

शुभम पाठक

❦❧❦

मैं वापस लौटकर के आना चाहता हूँ

मैं तुम्हे फ़िर से आज़माना चाहता हूँ

कभी तुम पास आकर मेरे देखो

मैं आखिर क्या बताना चाहता हूँ।

मेरे बुरे वक़्त में कहीं पलट न जाओ तुम

मैं आज से ही तुमको जान जाना चाहता हूँ।

तुम मुझसे जीतने की कोशिश करके देखो

कभी कभी मैं तुमसे हार जाना चाहता हूँ।

किसी बात पर तुम मुझसे नाराज़ हो जाओ

मैं भी आख़िर तुमको मनाना चाहता हूँ।

मेरी आँखों में कौन रहता है, तुम पूँछते हो ना

मैं आईने में तुम्हें चेहरा दिखाना चाहता हूँ।

शुभम पाठक

❧❧❧

किसी को शौख थोड़ी होता है बर्बाद होने का

मोहब्बत चीज़ ही ऐसी है भला कौन बच पाया है।

आसां नही होता है इस चंगुल से निकल पाना

महीनों तक यहाँ पर लोग सदमे में ही रहते हैं।

कुछ इस क़दर हो जाता है भरोसा किसी पर

एक शख़्श के आगे पूरी दुनिया गलत लगती है।

सभी मशवरे लोगों के बेकार नज़र आते हैं

मन मे जब एक शख़्श कहीं से आकर बस जाता है।

क़ायनात भी समझ न पायी राज़ इश्क़ का

ये रोग ही कुछ ऐसा है जो कि बेइलाज़ है।

शुभम पाठक

❧❧❧

हाँ सारी दुनिया से छुपकर वो परदा करती है।

मुझे नही समझना है कि वो क्या करती है।

तमाम आवाज़ें मैं सुनकर भुला चुका हूँ मग़र

वो इक आवाज़ मेरा अब भी पीछा करती है।

मेरी तो जल्दी उठने की बस वजह ही एक है

सुबह वो घर के गलियारे में टहला करती है।

गुज़र गया है मेरे ज़िन्दगी का वो पहलू

हाँ इक लड़की है जो मेरी भी परवाह करती है।

मैं उसको भूल गया हूँ, मग़र सुनने में आया है,

वो मेरे बारे में लोगों से पूँछा करती है।

शुभम पाठक

❧❧❧

मुझसे ये मत पूँछो कि आख़िर मेरे मन में क्या है

आँखों को देखो मेरी और पढ़ लो जो लिखा है।

तुम्हें है कहना कुछ मुझसे, हैं लोग ये मुझसे कहते

लोगों ने मुझसे बोला है पर तुमसे नही सुना है।

तुम मुझको जानोगे कैसे इतनी दूर से यारा

पास आकरके मेरे देखो, कैसी मेरी दुनिया है।

किसी एक का होना है और होकर रह जाना

ऐसे आने जाने वालों को दूर से मेरी ना है।

शुभम पाठक

❧❧❧

मैं चाहता हूँ तेरे चेहरे पर हसीं आये

तू मुझसे मिलने के लिए जब कभी आये।

तू क्या है मेरी मैं तुझे बता भी दूंगा

लिहाज़ा एक ऐसा मौका फिर कहीं आये।

बस अब इतनी सी ख्वाइश है मेरी कि

मौत आने से पहले एक बस तू ही आये।

कभी अगर मैं फ़िर उदास हो जाऊं

मैं चाहता हूँ तेरी आँखों में नमी आये।

परिंदे बदल चुके हैं अब रास्ते अपने

दरख़्त में शायद अब फिर से ज़िन्दगी आये।

शुभम पाठक

❧❧❧

मैं गिरकर सम्भलने वाला था आज

हाँ मैं कुछ करने वाला था आज।

यहाँ आने की और कोई वज़ह नही है

बस एक शख़्स यहाँ से गुजरने वाला था।

मुद्दतों से बस एक इसी ख्वाइश में थे हम

कोई खास है जो मुझसे मिलने वाला था आज।

चेहरे पर एक मुस्कान भला क्यों नही आती

मेरे इंतेज़ार का अरसा बदलने वाला था आज।

शुभम पाठक

करवटों से चादरों की सिलवटें बदल गयी।

ऐसा बदला कोई जैसे आदतें बदल गयी।

बस तेरे इंतेज़ार में नजरें टिकाकर बैठे थे

तू नही आया तो दर पर दस्तकें बदल गयी।

गुज़र गया वो वक़्त जब तेरे सज़दे में झुकते थे

तेरे लिए जो थी मन में वो मन्नतें बदल गयी।

बदल गया जिसे बदलना था, अब हम बदल कर क्या करें

जो उतर गया नज़रों से उसकी चाहतें बदल गयी।

शुभम पाठक

❧❧❧

रिश्ते बदल जाने से मतलब बदल जाता है

कुछ पता नही है कौन कब बदल जाता है।

एक कोई ख़ास जब कभी बेवक़्त बदलता है

कुछ ऐसा होता है कि मानो सब बदल जाता है।

आपकी तो मानो दुनिया ही बदल जाती है

आपको चाहने वाला चाहे जब बदल जाता है।

बर्दाश्त की क्षमता जब भी सरहद पार कर देती है

जो नही बदलना चाहे, वो भी तब बदल जाता है।

शुभम पाठक

❧❧❧

ये मन आख़िर आवारा कैसे हो रहा है

मेरे बिन तेरा गुज़ारा कैसे हो रहा है।

कभी एक मत में हम दोनों राज़ी हो जाते थे

ये आजकल मेरा- तुम्हारा कैसे हो रहा है।

वही शख्श जिससे तुम नफ़रत करते थे कभी

वही अब आख़िर इतना प्यारा कैसे हो रहा है।

वही जिसके ख़ातिर तुम सबसे लड़ जाते थे

वही रिश्ता अब गवारा कैसे हो रहा है।

एक शख़्श गलत था बहुत गलत था मान लिया मैंने

लेकिन अब वही शख़्श बेचारा कैसे हो रहा है।

वही शख़्श जो कभी नज़रों से गिर गया था

वही शख़्श अब आँख का तारा कैसे हो रहा है।

शुभम पाठक

❧❧❧

मज़बूर इतना किया गया कि शायद क़त्ल कर देते

शराफ़त इतनी रही हमारी कि खमोश रहे हम।

ऐसा बिल्कुल नही था कि तब नादानी थी मुझमें

मगर ग़लत बर्दाश्त करना मेरे लहज़े में नही था।

ख़ुद को बतौर-ए- ख़ास कहने वालों ये सुनिए

जी-हुजूरी करने से मर जाना ही बेहतर है।

ग़र आपको लगता है, मैं हाँ में हाँ मिलाऊँगा

तो फिर इक गलत शख्श से उम्मीद लगा बैठें हैं आप।

शुभम पाठक

❧❧❧

बिना वज़ह यूँ नाराज़ होना सही नही है

तुम्हें जो लगता है, बात वही नही है।

मैं उसकी इतनी परवाह इसलिए करता हूँ

वो मेरे बिना अकेले कभी रही नही है।

मन चाहता है मेरा तुमसे वो एक बात सुनने को

वो एक बात जो तुमने मुझसे कभी कही नही है।

मैं बिना किसी ग़लती के आकर झुक जाऊँ

मेरे लहज़े में सबकुछ है बस यही नही है।

शुभम पाठक

न तुम बदलोगे अबकि और न मेरा हाल बदलेगा

जो बदलेगा अगर कुछ भी तो बस ये साल बदलेगा।

जो हारा है पुरानी चाल से, वो अब चाल बदलेगा

जो बदलेगा अगर कुछ भी तो बस ये साल बदलेगा।

न वो शिकारी बदलेगा न उसका जाल बदलेगा

जो बदलेगा अगर कुछ भी तो बस ये साल बदलेगा।

न वो मछलियां बदलेंगी न ही वो ताल बदलेगा

जो बदलेगा अगर कुछ भी तो बस ये साल बदलेगा।

न जीतूंगा न हारूँगा न ये ख़्याल बदलेगा

जो बदलेगा अगर कुछ भी तो बस ये साल बदलेगा।

शुभम पाठक

❧❧❧

जाने बैठे बैठे मेरे मन में क्या आया

मैं घर जाकर माँ को गले से लगा आया

माँ ने उस दिन जी भर के देखा था मुझे

तू जान है मेरी, मैं उसको ये बता आया।

ये जो दिन हैं ये बदलने वाले हैं अब

उसको मैं ये एक ख़्वाब दिखा आया।

मैं घर से जाने लगा तो माँ फिर से रो पड़ी

मैंने मुड़कर नही देखा और बस चला आया।

इससे अच्छा होता कि मैं घर ही नही जाता

बुरा लग रहा, मैं माँ को फिर से रुला आया।

शुभम पाठक

❧❧❧

ग़र रहना है इस दुनिया में तो दुनियादारी सीख लो

ग़र सर उठाकर जीना है तो तुम ख़ुद्दारी सीख लो।

अब लहज़ा नहीं देखता है कोई, लश्कर देखते हैं सब

ख़ुश रखना हो जो लोगों को तो खातिरदारी सीख लो।

जब दुश्मनों की सफ़ में जाकर शामिल हो गए हो तुम

तो बेहतर होगा जल्दी से थोड़ी गद्दारी सीख लो।

ग़र हो भरोसा किसी को तुम पर, कायम उसको रखना

किसी पर हक जताने से पहले ये जिम्मेदारी सीख लो।

शुभम पाठक

❦❦❦

इतना सोंचो मत, बस मुस्कुराकर बोल दो

सच कहूँ तो मेरे दर्द को आराम हो जाएगा

तुम बस एक बार मिलने के लिए आओ तो सही

यकीं मानो यहाँ पर सारा इंतेजाम हो जाएगा

तुम अपने आप को इतने हल्के में मत लिया करो

किसी दिन यहीं तुम्हारे नाम पर कत्लेआम हो जाएगा

तुम एक बार बन्दे को कोई मौका देकर देखो

तुम्हारे एक इशारे पर ही सारा काम हो जाएगा।

शुभम पाठक

❧❧❧

सोते सोते डर लगा तो माँ को बुला दिया

माँ ने उसके बाद अपनी गोद में सुला दिया।

फिर ऐसी नींद आयी जैसे कोई डर ही नही था

मैं पास में तेरे बैठी हूँ जब माँ ने बता दिया।

ख़्वाब भी उस दिन पहले जैसे बिल्कुल नही आये

कुछ नया दिखा सपने में, माँ ने हाथ लगा दिया।

बस एक भरोसा था कि माँ तो बगल में बैठी है

सारी तकलीफ़ों को फिर ख़ुद से दूर हटा दिया।

एक हिम्मत सी आ जाती है, माँ के पास में होने से

माँ तो आख़िर माँ होती है माँ ने ये दिखा दिया।

शुभम पाठक

❦❦❦

तुम आ गए फिर भी मुझको ख़ुशी नही हुई

बारिश हुई आँखों से पर अच्छी नही हुई।

तुम उस दिन चले गए यूँ ही तन्हा छोड़कर

हमें तकलीफ़ तो हुई मग़र उतनी नही हुई।

सरे महफ़िल में एक रात नजरअंदाज हो गए

ज़माने भर में इतनी बेज्जती कहीं नही हुई।

एक ख़्वाब था ऐसा जो मुक़म्मल नही हुआ

वो सबकी हो गयी मेरी कभी नही हुई।

शुभम पाठक

❦❦❦

कर चुका था जिससे न कभी फिर मिलने का फ़ैसला

बिछड़ते वक़्त जाने क्यों उसने पलट कर देख लिया।

आँखे झुकी हुई थी और नज़रों में थी मासूमियत

भला हम किस क़दर उसको नजरअंदाज कर देते।

बड़ी ही सादगी से उसने ख़ुद को सौंप दिया हमको

हम आख़िर सख़्त दिल कैसे भला बन सकते थे।

शिकायत थी शिकायत है शिकायत रहेगी भी शायद

मगर छोटी सी गलती की सज़ा इतनी ही काफ़ी है।

फिर भी यकीं आता नही तुमको अगर उसपर

यकीनन सख़्त दिल बनते-बनते, तुम पत्थर हो गए।

शुभम पाठक

❧❧❧

आधी तो जी चुकी हैं जिंदगी अब आधी चाहिए

ग़लत कहते हैं लोग इनको करनी शादी चाहिए

नही रोको नही टोको इन्हें करने दो मनमर्ज़ी

गुलामी में फँसकर इनको नही बर्बादी चाहिए।

इन्हें शानों-शौकत से है नही मतलब कुछ भी

इन लड़कियों को अब इस क़ैद से आज़ादी चाहिए।

न जाने कितने घटिया लोग हैं, इस दुनिया में मौला

जिन्हें बस चाहिए शहज़ादा न कि शहज़ादी चाहिए।

मैं कहता हूँ कि मर जाएं मुनाफ़िक़ लोग दुनिया से

जो दे अधिकार बेटियों को बस वो आबादी चाहिए।

शुभम पाठक

❧❧❧

कोई इन दिनों जाने क्यों फ़लक से उतर गया है

कुछ इस कदर बिछड़ा है कि मानो मर गया है

वो एक मासूम जो अभी यहाँ दौड़ लगा रहा था

वो माँ से ऐसे जा चिपका है, लगता है डर गया है ।

घर का बड़ा बेटा था, उसपर कई जिम्मेदारी थी

लिहाज़ा ख्वाबों को पूरा करने, लगता है शहर गया है।

ज़माने भर से लड़कर हार जाने के बाद उसको

माँ की याद आ गयी होगी, शायद अब घर गया है।

बदल गयी है ये दुनिया बदल गए हैं यहाँ लोग

बिना मतलब था कोई पूंछता, वो वक़्त गुजर गया है।

शुभम पाठक

❧❧❧

कुछलघुरचनाएं.....

मैं उसको ऐसा भूला हूँ जैसे कभी वो था ही नही

सुकून-ए-दिल को मेरे फिर कभी हुआ ही नही

वो, वो थी, वो जो वो कभी जान ही न सकी

एक बात अधूरी रह गयी,उसने कभी कहा ही नही।

शुभम पाठक

बस हालत के हिसाब से ख़ुद को बदल लिया मैंने

वरना बस इक आवाज़ पर काफ़िला आ जाता था।

जाने कितनों ने मुझको अपना रहबर मान लिया था

मैं नज़र उठाता था और समझो फैसला आ जाता था।

शुभम पाठक

ज्यादा से ज्यादा अब मेरा क्या होगा

बुरा होगा या फिर बहुत बुरा होगा।

हश्र के दिन भी इतने बेज़ार चल रहे हैं

लगता है मैंने कुछ तो गलत किया होगा।

शुभम पाठक

इत्मिनान से बोला उसने तू बदला-बदला सा है,

कहीं ऐसा तो नही कि कोई वादा चाहता है

मैंने कहा बस तुझे सोचकर रुक जाता हूँ वरना

कोई और भी है जो मुझे तुझसे ज्यादा चाहता है।

शुभम पाठक

वो मिलने आता है, उसको मग़र मिलना नहीं आता

अंधेरे रास्तों पर हाथ थामकर चलना नही आता

वो कुछ ख़ामोश हो जाता है मेरी ख़ामोशी देखकर

वो ऐसा फूल है बारिश में भी खिलना नही आता।

शुभम पाठक

बिछड़ने का तुमसे बस ग़म मुझे इतना सा है

कि तुमने मुझे ठीक से चाहा ही कहाँ था अभी।

वो तो बस याद आयी तो देखने आ गया था तुम्हें

मैं तुमसे मिलने के लिए, आया ही कहाँ था अभी।

शुभम पाठक

ये जो इश्क़ की परीक्षा है, इसमें सीटें बहुत कम होती हैं

तुम इंतेज़ार करोगे बोलने का और कोई दूसरा पास हो जाएगा।

शुभम पाठक

बिछड़कर मुझसे ख़ुश नही हो मुझे पता है

ये बचकाना हरक़त नही है तो फिर क्या है

तुम्हें जब मन हो, वापस लौटकर चले आना

मेरे मन का वो दरवाज़ा अभी खुला है।

शुभम पाठक

मैं इस उम्मीद में था कि तुम्हें मुझसे उम्मीद होगी

मेरी ये उम्मीद बस एक उम्मीद बन कर रह गयी।

ऐसी उम्मीद टूटी कि अब उम्मीद ही नही रही

इस उम्मीद ने हर उम्मीद पर पानी फेर दिया।

शुभम पाठक

हवाओं के पुराने रुख को भी हम मोड़ देते हैं

भरे महफ़िल में अपनें रिश्तों को हम तोड़ देते हैं

कुछ ऐसे शख़श की अहमियत हमारे जिंदगी में है

वो सामने आते हैं, हम अपनी कुर्सी छोड़ देते हैं।

शुभम पाठक

क्रम-सूची

खण्ड 1